ORAISON FUNÈBRE

DE S. G. MGR

MARIE-CAMILLE-ALBERT DE BRIEY

PRONONCÉE

DANS L'ÉGLISE-CATHÉDRALE DE SAINT-DIÉ

LE 13 DÉCEMBRE 1888

PAR MGR D'HULST

VICAIRE GÉNÉRAL DE PARIS
RECTEUR DE L'INSTITUT CATHOLIQUE DE PARIS

SAINT-DIÉ. — IMPRIMERIE L. HUMBERT.

ORAISON FUNÈBRE

DE S. G. MGR

MARIE-CAMILLE-ALBERT DE BRIEY

PRONONCÉE

DANS L'ÉGLISE-CATHÉDRALE DE SAINT-DIÉ

LE 13 DÉCEMBRE 1888

PAR MGR D'HULST

VICAIRE GÉNÉRAL DE PARIS
RECTEUR DE L'INSTITUT CATHOLIQUE DE PARIS

SAINT-DIÉ. — IMPRIMERIE L. HUMBERT.

ORAISON FUNÈBRE

DE S. G. MGR

MARIE-CAMILLE-ALBERT DE BRIEY

ÉVÊQUE DE SAINT-DIÉ

Servum Domini oportet mansuetum esse ad omnes, docibilem, patientem, cum modestia corripientem eos qui resistunt veritati. II. Tim. II, 24, 25.

Le ministre de Dieu doit garder la douceur envers tous, accepter les conseils, supporter la contradiction, reprendre avec modestie les adversaires de la vérité.

Messeigneurs (1),
Mes Frères,

Quand les hommes parlent de la mort, ils sont unanimes d'ordinaire à la déclarer cruelle. Et pourtant elle ne l'est pas pour tous, ni surtout de la même manière. Ainsi la mort est terrible aux méchants, deux fois terrible et pour les biens qu'elle leur enlève, et pour l'effroyable inconnu où elle les jette ; mais leur disparition est souvent un soulagement pour ceux qui leur survivent. Au contraire la mort est douce aux justes : elle est pour eux cette joyeuse et ravissante apparition que l'Eglise souhaite aux agonisants dans les suprêmes invocations de sa liturgie : *Mitis atque festivus Christi Jesu tibi adspectus appareat* (2) ; mais elle plonge les demeurants de l'exil dans l'amertume des plus légitimes regrets.

Si je jette les yeux sur l'Eglise de France, je la vois par-

(1) Mgr l'Archevêque de Besançon ; Mgr l'Évêque de Meaux, frère de l'Évêque défunt ; NN. SS. les Évêques de Nancy, Verdun et Belley.
(2) Bréviaire Romain : prières de la recommandation de l'âme.

tout en deuil de ses pasteurs. Sept sièges à la fois sont sans Evêques; une seule semaine a vu tomber à l'Occident, au Midi, à l'Orient de notre patrie, trois vaillants serviteurs de Jésus-Christ. Laval pleure l'éloquent historien de nos saintes de France, l'éminent apologiste de notre foi. Nîmes gémit sur la tombe où vient de s'éteindre la voix d'un puissant orateur, d'un écrivain fécond, d'un intrépide champion de la vérité. Et que dirai-je de ta viduité, antique église de Saint-Dié? Ah! si, dans ton désir de rendre hommage à celui que tu regrettes, tu voulais égaler la louange au mérite, on pourrait te reprocher d'avoir mal choisi ton interprète! Mais si tu cherchais avant tout un cœur qui, ayant partagé tes affections, fût capable de faire entendre le juste accent de ta douleur, j'ose le dire, tu ne t'es pas trompée en confiant à mon insuffisance le soin d'une auguste et chère mémoire.

Des relations qui remontent à trente-huit ans en arrière; des souvenirs aimés et vénérés en commun; des liens que la Providence avait formés, que la bonté de celui qui n'est plus avait su resserrer encore, tels sont les titres, j'allais dire les excuses, que je pourrais faire valoir pour avoir osé monter dans cette chaire, si l'invitation d'un Evêque abîmé dans son deuil fraternel n'était à mes yeux un commandement sacré qui me dispense de toute autre justification.

Mais comment remplir une tâche acceptée sans hésitation parmi les soucis du travail? Dans le sentiment de mon impuissance, disposant à peine de quelques heures, j'ai ouvert les épîtres pastorales où saint Paul a fixé pour jamais le type du véritable évêque. J'étais sûr d'y retrouver le portrait de celui que nous pleurons; mais entre tous les traits qui le peignent, j'ai dû choisir celui qui le caractérise et il m'a semblé le trouver dans les paroles de mon texte : Serviteur de Dieu et ne servant que Dieu seul : *Servum Domini;* doux envers tous les hommes, *mansuetum ad omnes;* acceptant les conseils et supportant la contradiction, *docibilem, patientem;* mais joignant à la mansuétude cette fermeté, cette hardiesse qu'inspire le zèle de la vérité et qui ne se rencontre guère que chez les humbles parce qu'elle est le signe de la force divine qui les remplit : *cum modestia corripientem eos qui resistunt veritati.*

Telle nous apparaît, mes frères, la douce figure de votre *Illustrissime et Révérendissime Père en Dieu, Mgr Marie-Camille-Albert de Briey, évêque de Saint-Dié.*

Servum Domini, Serviteur de Dieu. Jamais Albert de Briey ne se glorifia d'un autre titre. Et pourtant il aurait pu invoquer tous ceux qui distinguent un homme et lui assignent d'avance une place d'honneur parmi ses semblables : l'ancienneté des origines, la noblesse de la race, l'éclat des services. Ajoutez-y les traditions de piété et de charité que lui transmettaient ses ancêtres et que renouvelaient dans notre siècle son oncle Albert de Briey, échangeant l'uniforme de l'officier contre la bure du Trappiste, au siècle dernier cette sainte chanoinesse, Hyacinthe de Briey, dont les vertus ont rajeuni la gloire du Chapitre de Remiremont. Voilà les derniers anneaux d'une chaine que nous pourrions remonter jusqu'au XIe siècle à travers la gloire des Croisades et l'éclat des alliances royales. Et dans cet âge reculé nous trouverions encore le nom de Briey mêlé aux annales de votre fière et catholique Lorraine : tandis qu'un Albert de Briey appuie de son épée le dévouement héroïque de la comtesse Mathilde au Saint-Siège, son frère, Richer de Briey, sur le siège de Verdun, honore la même cause par ses vertus épiscopales. Certes voilà un glorieux passé ! Le grand cœur de votre Evêque n'était point ingrat envers de tels souvenirs ; mais, docile à l'Esprit qui inspire les humbles, il n'y cherchait que des leçons, des avertissements et des exemples. Quand la dignité épiscopale vint le surprendre dans l'obscurité où il se cachait, il souffrait avec peine qu'on lui rappelât les grandeurs de sa race. « Ce n'est pas sur moi, écrivait-il, ce n'est pas davantage sur mes souvenirs de famille que je compte pour travailler à l'œuvre de Dieu dans les Vosges (1). » Et quand au seuil de cette Cathédrale le chef vénéré du Chapitre mentionnait encore les liens illustres qui l'unissaient à la Lorraine, l'humble Evêque écartait dans sa réponse tout ce qui aurait pu mêler les pensées humaines aux inspirations de la foi : « J'ai toujours placé, disait-il, les actions principales de ma vie sous la protection de la Sainte Vierge : c'est encore sur elle que je compte pour bénir mon épiscopat, ainsi que sur les saints de cette terre des Vosges dont vous venez de rappeler les noms. »

Voilà, mes frères, la vraie noblesse, la noblesse du chrétien qui ne met rien au-dessus de la dignité surnaturelle communiquée par le baptême à l'âme régénérée dans le Christ. Ces sentiments, d'ailleurs, étaient encore, dans celui que vous pleurez, un héritage de famille. Il les tenait de ce père vénérable dont vous avez pu admirer vous-mêmes la majestueuse vieillesse. Dans un temps où le respect humain arrêtait la foi sur les lèvres d'un grand nombre, quand le souffle de Voltaire ne l'avait pas tuée dans les cœurs, le comte Charles de Briey avait toujours ignoré les faiblesses et les réticences d'une religion timide. Tel Saint-Dié et Poitiers ont connu le vieillard, tel autrefois Fontainebleau contemplait avec étonnement le jeune officier des chasseurs de la garde, simple et tranquille dans la manifestation de sa piété; tel ses enfants l'ont vu dès leurs premières années, prolongeant chaque matin dans l'église durant trois heures cette prière ardente qu'il avait commencée dans la divine intimité du banquet Eucharistique.

Formé à cette école, Albert de Briey ne démentira pas ses origines. Voici venir pour lui les années du travail. La génération à laquelle il appartenait, ne connaissait pas encore les bienfaits de la liberté de l'enseignement. Le monopole universitaire régnait partout et n'admettait que rare-

(1) Lettre de Mgr de Briey au Cardinal Pie.

ment et par tolérance le clergé, qui a fait la France, à l'honneur de former la jeunesse française. Le collège Stanislas à Paris était une des rares maisons qui s'ouvrissent alors à l'éducation chrétienne. C'est là qu'Albert de Briey recevra l'initiation littéraire : il y trouvera pour maître l'illustre abbé Gratry, pour compagnon d'études, pour appréciateur de son mérite, l'éminent philosophe, dont aujourd'hui même l'Académie française entend prononcer l'éloge. Il empruntera à l'Université de France les traditions de culture et d'atticisme dont elle a la garde, il y joindra ce qu'une foi vive ajoute aux lumières de la raison, ce qu'une tendre piété ajoute aux délicatesses du cœur. Lauréat des concours généraux, il sortira du collège à dix-huit ans, prêt à faire hommage à Dieu des talents qu'il a cultivés sous son regard.

Trois années se passent et déjà le jeune comte de Briey, par la distinction de son esprit, par la maturité de son caractère, par l'ensemble de ses qualités heureuses, attire l'attention que sa modestie voudrait détourner. Le premier roi des Belges a fixé sur lui son choix : il lui confie l'éducation de ses deux fils, dont l'aîné doit porter un jour la couronne. Dans cette élévation précoce le jeune gentilhomme voit surtout la responsabilité qui va peser sur lui : il saura la porter dignement. Durant six ans la Cour de Bruxelles admire son dévouement. Les devoirs de sa fonction, la piété, l'étude absorbent toutes ses heures : il s'est fait au palais une existence claustrale. Que sera son avenir? Il l'ignorait en acceptant cette charge. Mais dans le recueillement où il s'est enfermé Dieu a parlé à son cœur. Plus il voit de près le monde, moins il se sent attiré à lui confier ses espérances.

Nous voudrions, mes frères, pouvoir surprendre quelque chose de ce mystérieux colloque qui s'échangeait alors entre le Seigneur et son fidèle serviteur. Mais non, l'humilité garde bien ses secrets. Albert de Briey est déjà ce qu'il sera jusqu'à la fin, le vase fermé qui contient les parfums de la grâce et n'en laisse rien transpirer au dehors.

Et n'est-ce pas là ce que nous montre l'histoire de toutes les âmes saintes ? Avant la période de l'action féconde il y a la période obscure où tout se passe entre l'âme et Dieu. Respectons, mes frères, ce silence sacré, mais admirons la transformation qui s'opère. Quand le jeune gouverneur a fini sa tâche, quand il prend congé de ses royaux élèves, le monde se demande ce qu'il va faire; on interroge les alliances qui semblent solliciter son ambition. Pour lui, son choix est fait. Bonheur humain, tu n'auras pas de lui même un regard. Il retourne à Poitiers; il y trouve l'illustre évêque qui devait faire revivre dans la chaire de saint Hilaire la doctrine et l'éloquence au service de l'Eglise et de la vérité. C'est à ce père, à ce maître, à cet ami incomparable qu'il fera bientôt la confidence de ses religieux désirs. Et où donc un tel guide dirigera-t-il ses pas, sinon vers Rome, foyer de lumière et d'amour ? Là, sous la direction de ces religieux à qui l'Evêque de Saint-Dié devait un jour confier l'éducation de la jeunesse dans son diocèse, Albert de Briey achèvera de dépouiller, avec l'extérieur du siècle, les derniers restes de l'esprit du monde. Là il deviendra, jusqu'au fond de lui-même, homme d'Eglise; là il boira la doctrine aux sources pures, il se pénètrera de la tradition catholique, il se laissera gagner à l'amour de Rome, de ses monuments et de son sol, de ses souvenirs et de ses gloires, de ses saints et de sa liturgie, de sa discipline, de son enseignement, de sa piété; là, enfin et surtout, il comprendra qu'il ne faut pas plus distinguer entre l'Eglise et le Saint-Siège qu'entre Jésus-Christ et son Vicaire : *Ubi Petrus, ibi Ecclesia.*

Une fois de plus, mes frères, admirez la conduite de la Providence. Dans le recueillement du Séminaire, Albert de Briey ne croit travailler qu'à sa sanctification personnelle ; et Dieu pendant ce temps prépare à votre Eglise l'Evêque qu'il lui destine. Et n'est-ce pas là la formation qu'eût souhaitée pour son successeur le Pontife que l'Eglise de Lyon devait un jour vous envier et vous ravir ? Cette initiation Romaine, ce commerce familier avec toutes les traditions du Saint-Siège, c'était bien le noviciat de l'Episcopat. Plus tard quand viendront les jours mauvais, quand il faudra à l'Eglise de Saint-Dié un pasteur capable de continuer, à travers des difficultés autrefois inconnues, la sollicitude de l'illustre Cardinal Caverot, vous vous réjouirez de trouver dans votre nouvel Evêque cette sûreté de doctrine, cette fermeté de dévouement, cette inviolable fidélité qui font la force de l'Eglise Catholique et la sécurité du peuple chrétien. Mais d'avance Dieu vous avait préparé tous ces biens dans l'humble clerc qui s'abreuvait avidement aux sources apostoliques.

L'initiation est achevée : le clerc est devenu prêtre, l'étudiant a cueilli les palmes du doctorat théologique. Que va-t-il faire et de son sacerdoce et de sa science ? Ne craignez pas qu'il s'en autorise pour briguer les dignités ecclésiastiques. Non, si le fils des croisés a quitté le monde, ce n'est pas pour demander des honneurs à l'Eglise, c'est pour lui rendre des services. L'apostolat lui apparaît comme le naturel emploi des pouvoirs divins qu'il a reçus par l'imposition des mains. Mais l'apostolat a bien des formes et peut s'exercer en tous lieux. Le nouveau prêtre doit choisir le champ que cultivera son zèle. Ici encore nous voudrions pénétrer le secret des motifs qui ont guidé son choix. Mais le silence obstiné qu'il a gardé toute sa vie sur ce qui lui était personnel, nous réduit aux conjectures. Peut-être son ardent amour pour l'unité dont Rome est le centre, le rendait-il plus sensible au malheur de ces églises d'Orient, oublieuses d'un passé glorieux et qui n'ont trouvé dans le schisme que la servitude et une langueur voisine de la mort. Toujours est-il que Constantinople attira d'abord ses regards. Pie IX connaissait et chérissait le jeune prêtre; le saint Pontife avait vu clair dans cette âme d'apôtre ; il le réservait à de plus hauts ministères, mais il savait que le dévouement obscur est la meilleure préparation aux fonctions élevées. Sans ignorer à quels obstacles le missionnaire allait se heurter, le Pape bénit son dessein, et la vieille Byzance, où se rencontrent et se mêlent toutes les civilisations, hélas ! et toutes les corruptions de l'univers, reçut les prémices d'un zèle qui connut alors plus de fatigues que de résultats.

C'était l'époque où la France s'apprêtait à tirer l'épée pour soutenir au Mexique un empire éphémère, réservé à de si tragiques destinées.

La jeune souveraine qui partait pleine d'espérances pour sa nouvelle patrie, était la sœur du prince que le Comte de Briey avait préparé à ses devoirs royaux. Toujours attentif aux intérêts des âmes, Pie IX songeait alors à tirer profit de cette circonstance pour le bien de l'Eglise du Mexique. Il voulait confier au jeune missionnaire, à peine revenu d'Orient, les fonctions d'internonce à Mexico.

La guerre et bientôt l'écroulement du nouvel empire entravèrent ce dessein, et M. l'abbé de Briey revint à Poitiers pour faire, sous la direction de son illustre Evêque, l'apprentissage du ministère apostolique.

Dix années devaient s'écouler encore avant que l'onction épiscopale vînt sacrer son front ; années fécondes, années précieuses, mais toujours abritées sous le voile épais d'une obscurité voulue et aimée. Filles de Saint-André, humbles amantes de la Croix du Sauveur, c'est à vous qu'il faudrait demander le secret de ces vertus dont vous fûtes alors les témoins. L'Evêque de Poitiers possédait dans son diocèse le berceau de cette Congrégation, fidèle gardienne de l'austérité et du zèle de son vénérable fondateur. Il la plaça sous l'autorité du saint prêtre qu'il venait d'associer comme vicaire général à ses sollicitudes pastorales. Non content de guider cette Société de ses conseils, de l'encourager de sa parole, de l'édifier de ses exemples au centre même de son gouvernement, le nouveau Supérieur voulait encore étendre aux nombreuses maisons qu'elle a fondées dans l'Ouest et le Midi de la France, le bienfait de son patronage. Avec l'agrément des Ordinaires respectifs, il visitait toutes les communautés, portant partout l'édification, soutenant la règle, animant la ferveur, enseignant le dévouement.

L'Esprit de Dieu donne aux âmes qu'il possède le goût de la vie cachée; mais il inspire aux gardiens de son Eglise le souci d'exalter les humbles et de réserver les honneurs aux plus dignes. Avec quelle docilité Albert de Briey suivait l'appel qui l'attirait au désert, vous l'avez vu, mes frères, dans toute la suite de ce discours. Il nous faut glaner à grand peine de trop rares souvenirs pour reconstituer une existence qui ne voulait avoir que Dieu seul pour témoin. Mais il appartenait au grand Evêque de Poitiers de révéler le trésor dont il se sentait dépositaire, d'élever sur le chandelier une lumière destinée à éclairer les âmes. Ce fut lui qui signala au Gouvernement français et au Nonce apostolique les vertus et les mérites de son pieux coopérateur, et quand le succès eut couronné ses efforts, il s'en félicitait pour l'Eglise, mais il en félicitait aussi les hommes politiques qui s'étaient honorés par cette nomination : « Heureux les pouvoirs humains, écrivait-il, quand il leur est donné de procurer de tels pasteurs aux églises ! »

C'est en effet, mes frères, pour les détenteurs de la puissance séculière, un redoutable privilège que celui qui leur délègue la désignation des Evêques. Il est vrai que le Pape seul fait les Evêques, puisque seul, par l'institution canonique, il crée le lien qui les rattache à la succession apostolique. Mais c'est beaucoup d'avoir l'initiative du choix. Sans doute, on présenterait inutilement des indignes, parce que le Saint-Siège opposerait à leur intrusion une barrière infranchissable. Néanmoins, on peut toujours écarter les plus dignes, préférer la complaisance à la fermeté, la médiocrité au mérite. Les politiques à courte vue estiment que c'est là une bonne manière de servir l'Etat; qu'on évite ainsi des résistances incommodes et qu'on s'assure cette forme de liberté qui consiste à opprimer impunément les consciences. Etrange illusion ! Si c'est le bien public et non leur propre avantage que les gouvernants poursuivent, ne voient-ils pas que le grand intérêt de l'Etat, dans ses rapports avec l'Eglise, c'est d'avoir à traiter avec des hommes pénétrés de la sainteté de leur ministère? Seules la solidité de la foi, la profondeur de la doctrine, l'élévation du caractère, la pureté de la vie, le zèle des âmes, la charité, pour tout dire en un mot, les vertus épiscopales, maintiendront le pasteur dans cette ligne invariable qu'ont tracée avant lui les règles de l'Eglise et l'exemple des saints. Le pouvoir sait d'avance ce qu'il peut attendre d'un tel Evêque et ce qu'il n'en obtiendra jamais. Tout ce qui intéresse la moralité, la paix entre les citoyens, la soumission aux autorités légitimes, quelle qu'en soit la forme, trouvera dans ce véritable homme d'Eglise un patron convaincu. Ne lui demandez même pas quelles sont ses opinions privées. Il n'a pas accepté l'épiscopat pour les faire prévaloir, mais pour servir l'Eglise. Si jamais il est obligé de résister, c'est que l'Etat, à son tour, usurpe sur le domaine sacré et attente aux droits des consciences. Est-ce pour prévenir de telles protestations qu'on voudrait donner aux églises des chefs pusillanimes? Mais le calcul serait aussi imprudent que malhonnête, car le jour où la politique aura pénétré dans les conseils de l'évêque, qui pourrait dire où s'arrêtera cette ingérence? Si l'homme de Dieu prend l'habitude de s'incliner par faiblesse devant un pouvoir fort, demain peut-être il entrera dans les intrigues qui se trament contre un pouvoir faible, et donnera la main à ceux qui se promettent de le renverser. Hommes d'Etat, ne vous y trompez pas, il n'y a de loyauté, de fidélité véritable, que là où la conscience ne sait pas fléchir.

Voilà donc un champ nouveau qui s'ouvre à votre zèle, digne fils de l'église de Poitiers ! La voix de Dieu vous appelle dans cette Lorraine qui fut le berceau de votre race, où vous retrouverez à chaque pas les traces de vos aïeux.

Moins vous semblez attentif à ces souvenirs glorieux, plus on les relève; c'est justice : « Celui qui s'abaisse sera exalté. » Et j'entends encore la grande voix de l'Evêque de Poitiers évoquant, au jour de votre sacre, toutes les figures du passé pour vous en faire un cortège à votre entrée dans l'église de Saint-Dié.

Faut-il, mes Frères, vous rappeler ces fêtes joyeuses, ces espérances d'un long avenir, cette lutte touchante entre le respect du clergé, la vénération du peuple et l'humilité de l'Evêque? Je craindrais en le faisant de raviver votre douleur! Douze années ont passé. L'historien ancien disait que c'est là une longue période de la vie humaine. Hélas! qu'elle vous a semblé courte et que la fin en a été précipitée!

Pour décrire la vie épiscopale de Mgr de Briey, il faudrait revenir aux paroles de mon texte. Celui qui a été jusqu'ici le serviteur de Dieu, se dit qu'il n'a encore rien fait pour son maître; il se prend d'un ardent désir de le servir dans cette Eglise qui lui a été donnée pour épouse.

Mansuetum ad omnes, la mansuétude envers tous : cette vertu a donné son nom à l'un des pères de votre église, saint Mansuy. Heureux fidèles de Saint-Dié, un nouveau Mansuy vous est envoyé, et vous aurez bientôt appris à connaître sa douceur et sa charité. Donner de ce qu'il a, c'est pour lui peu de chose; l'argent ne fait que passer par ses mains; heureux ceux dont la demande arrive au moment où il vient de recevoir un quartier de son revenu! Les autres attendront parce que l'Evêque est pauvre lui-même et que sa charité l'a dépouillé. Mais il sait donner mieux que son or, il donne son temps, ses forces, sa parole, son cœur. Tous ceux qui veulent l'aborder, le trouvent prêt à les accueillir; partout où on l'appelle, il va sans hésiter, sans compter avec la fatigue, sans discuter la nécessité. Ses prêtres, ses diocésains, ont un droit sur lui; quand ils l'exercent, il ne leur en demande pas compte. Il parcourt sans cesse vos vallées et vos montagnes et rajeunit par les exemples de sa piété le culte des saints moines qui ont embaumé de leurs vertus les solitudes sauvages de votre beau pays.

Ah ! comme il les aimait, vos traditions religieuses ! Quelle joie ce fut pour lui de célébrer avec vous le douzième centenaire de saint Dié ! Quelle dévotion l'attirait à Mattaincourt, sur le tombeau glorieux du B. Pierre Fourier ! Mais que dire de cette gloire nationale qui est pour vous, Vosgiens, une gloire domestique, Jeanne d'Arc ? C'est là surtout que s'est révélé à vous le cœur de votre Evêque, dans les splendeurs de ce pèlerinage à Domremy où toute la Lorraine s'était donné rendez-vous et où la voix du Pasteur, faible d'ordinaire, emprunta à son émotion des accents qui la portaient au loin jusqu'à l'oreille des multitudes. Vous savez, mes frères, quelles furent ses sollicitudes pour tirer de l'oubli le berceau de notre héroïne ; vous savez aussi par quels obstacles ses desseins furent traversés ; enfin vous venez d'assister, le deuil au cœur, à l'acte qui chasse la religion du sanctuaire du patriotisme et enlève aux vierges consacrées la garde de la maison où naquit la vierge libératrice. Dans toutes ces circonstances, les unes pleines de promesses, les autres pleines de larmes, vous avez senti battre à l'unisson du vôtre le cœur de l'Evêque de Saint-Dié.

Mais où l'ardeur et la tendresse de ce cœur se révélaient surtout, c'était lorsqu'il vous parlait du Saint-Siége et du Pape. Ah ! comme on voyait bien qu'il avait reçu à Rome l'empreinte sacerdotale ! Le dévouement au souverain Pontife était le fond même de son âme. Je l'avouerai, mes frères, je n'ai pu relire sans émotion la lettre pastorale qu'il vous adressait au retour de sa première visite à Léon XIII. Là, votre Evêqne vous livrait le secret de ses sentiments. Il était allé d'abord s'agenouiller au tombeau des apôtres, car *Pierre ne meurt pas ;* puis au tombeau de Pie IX, et devant ce sépulcre à peine fermé il avait senti toute sa tendresse filiale remonter en flots de larmes de son cœur à ses yeux. C'est sous l'étreinte de cette émotion qu'il avait gravi les degrés du Vatican pour pénétrer dans la demeure du nouveau Pontife. Une affection purement humaine aurait hésité à se livrer ; mais l'amour que la foi inspire s'adresse à Jésus-Christ dans son vicaire. L'Evêque n'a pas plus tôt vu le Pape qu'il se sent gagné, vaincu dans son cœur : il aimera Léon XIII, comme il a aimé Pie IX ; il le servira, il le défendra, il sera l'écho de sa parole et le champion de ses prérogatives.

Est-il besoin de dire, mes frères, où ce grand cœur puisait et sa mansuétude et son dévouement ? *Discite a me,* dit le Sauveur Jésus; apprenez de mon cœur ce que doit être le vôtre. La dévotion au Cœur Sacré de Jésus-Christ était la source où s'alimentaient les vertus de votre Evêque. Aussi n'eut-il point de repos qu'il n'eût voué son diocèse au Sacré Cœur. Ce fut là un de ses premiers actes et comme la consécration anticipée de tout son ministère.

Mais la douceur n'exclut pas la force. Le même apôtre qui demande à l'Evêque la mansuétude envers tous, *mansuetum ad omnes,* la facilité à écouter les conseils, *docibilem,* exige aussi de lui une fermeté mesurée mais invincible à l'égard de ceux qui entravent l'œuvre du salut. Que dis-je? la fermeté passive ne lui suffit pas : il veut encore le zèle actif qui signale le désordre et le flétrit : *cum modestia corripientem eos qui resistunt veritati.*

Monseigneur de Briey n'a pas failli à ce devoir. Bien injustes seraient ceux qui l'accuseraient d'avoir écouté en cela des inspirations trop humaines. Encore que son âme de gentilhomme et de Français s'indignât en face de l'injustice, sa modestie, j'allais dire sa timidité naturelle, aurait plutôt arrêté que précipité sur ses lèvres la parole de blâme si sa conscience d'évêque lui eût permis le silence. Mais il était de ces agneaux dont le devoir fait des lions, à l'exemple de Celui dont le nom ordinaire est *l'Agneau de Dieu,* mais qui s'appelle à certains jours *le Lion de Judas.*

L'Évêque de Saint-Dié a donc protesté contre les lois scolaires, parce qu'il y a vu un péril pour les âmes, une méconnaissance des droits de la jeunesse à l'initiation religieuse. Il a dénoncé le principe de la neutralité, parce que l'homme n'a pas le droit de rester neutre entre la vérité et l'erreur; il en a dénoncé la pratique, parce que c'est faire mentir la neutralité elle-même que d'ôter Dieu de la nature et Jésus-Christ de l'histoire. Il a fait cela et plus encore. Quand des livres ont paru, destinés à pervertir l'esprit de l'enfance et à détacher les jeunes âmes de toute croyance religieuse, il ne s'est pas contenté de répéter et de promulguer les condamnations du Saint-Siège; agissant dans la plénitude de son pouvoir épiscopal, il les a devancées; il est un des deux Evêques de France qui ont interdit dans leurs diocèses certains manuels scolaires. Certes c'était un acte énergique, mais qui donc oserait dire qu'il dépassât la mesure? *Cum modestia corripientem.* Est-ce que l'Evêque n'est pas juge de l'enseignement en matière religieuse? Est-ce qu'il n'a pas très particulièrement la garde de la foi des simples? Est-ce qu'il peut tolérer qu'on impose aux enfants des familles chrétiennes la fréquentation d'écoles, l'usage de livres qui sont un péril pour leur salut? Si grande que soit l'autorité des condamnations romaines, l'acte épiscopal, plus prompt, plus explicite, plus connu des fidèles, frappait davantage l'attention du peuple et, dans sa légalité incontestable, ne donnait lieu à aucune de ces procédures surannées par lesquelles le pouvoir séculier essaie encore parfois d'arrêter la diffusion des documents émanés du Saint-Siège. De fait, l'administration de Mgr de Briey ne s'est jamais heurtée à un conflit civil. Ceux que gênait son zèle ont dû s'incliner devant la correction de son attitude et tout le reproche qu'ils ont trouvé à lui faire, tient dans un seul mot : il fut *un évêque militant.*

Militant, c'est-à dire prêt à combattre : contre qui? Contre les institutions politiques? On le dit, on voudrait bien le faire croire, mais on n'y parviendra pas. Et pourquoi les évêques seraient-ils les adversaires d'une forme gouvernementale ? Est-ce donc que le respect de la religion serait incompatible avec cette forme ? Je ne pense pas que ce soit l'avis de ceux qui la préconisent, car ses pires ennemis ne pourraient rien dire contre elle de plus décisif. En tout cas ce n'est pas l'avis de l'Eglise. D'une part, sa constitution divine admet toutes les sociétés humaines aux relations qui doivent s'échanger entre les deux pouvoirs. Son histoire lui apprend d'autre part que les usurpations, les vexations, les persécutions mêmes lui sont venues successivement de tous les régimes. Comment donc suffirait-il pour inquiéter ou rassurer l'Eglise d'écarter ou de ramener telles institutions politiques qui ont fleuri dans le passé ? Non, non, ce n'est pas une question de forme qui nous préoccupe, c'est une question de fond. Monarchie ou République, le pouvoir civil, dans ses rapports avec l'Eglise, a des droits toujours les mêmes ; il a aussi des devoirs qui ne changent pas. Il doit respecter les consciences ; il doit respecter la puissance spirituelle ; enfin, quand les matières mixtes sont réglées par un concordat, il doit respecter le pacte. L'Evêque doit à son tour respecter les pouvoirs publics et les lois de son pays. Mais l'obéissance aux lois humaines rencontre une limite : la loi morale. Et il est étrange vraiment d'entendre les prôneurs de la liberté nous traiter de séditieux quand nous redisons tranquillement la parole des Apôtres : « mieux vaut obéir à Dieu qu'aux hommes. » Car la conscience est le dernier asile de la liberté ; et le jour où l'homme, pour obéir à son semblable, passe outre à sa conscience, il n'est plus un citoyen, il est un esclave ; il ne s'incline plus devant la loi, il plie devant la force.

Non, mes frères, votre Evêque, si doux, si modéré, si modeste, ne fut pas l'ennemi des institutions existantes. S'il fut militant, ce fut contre l'erreur, contre le mal, contre les périls qui menaçaient l'âme de ses enfants. Quel intérêt, je le demande, peut-on trouver à se classer soi-même parmi de tels adversaires ? Est-ce que notre pays, est-ce que notre temps sont menacés par une prépondérance excessive de l'élément spirituel ? Trouve-t-on qu'il y ait trop de respect dans les âmes, trop de moralité dans les volontés, trop de mesure dans les désirs, dans les intelligences trop de principes supérieurs propres à dominer les appétits ? Ou pense-t-on que la religion chrétienne, qui a fait la civilisation moderne, n'a plus sa place dans le développement des sociétés? Ah ! je vois bien des démolisseurs acharnés à la détruire ; mais ce que je ne vois pas encore, c'est le principe pacificateur qu'ils sont prêts à lui substituer, c'est la force morale dont ils disposent pour remplacer celle qu'ils ont hâte d'anéantir !

N'est-ce point le cas de répéter la parole du grand Evêque d'Orléans : « Vous dites que la religion vous menace ; non ; elle vous manque? » Ah! c'est bien vrai! La religion nous manque, et les hommes d'Etat devraient bien le comprendre ; car on ne gouverne pas une société en flattant les passions qui la dévorent. S'il n'est pas au-dessus de nous un Dieu dominant nos consciences de toute la hauteur de l'infini, montrez-moi donc, je vous en prie, montrez-moi dans un homme ce qui peut obliger un autre homme à lui sacrifier quelque chose de sa prétention à la jouissance !

Donc, mes frères, c'est la gloire de votre Evêque d'avoir été militant, d'avoir imposé à sa nature pacifique la nécessité de la lutte. Mais qu'il aimait mieux encore promouvoir le bien que combattre le mal ! Comme il se sentait à l'aise dans ce travail fécond des œuvres catholiques qui ne manquent jamais aux besoins des temps ! Comme il aimait à encourager la fondation des écoles chrétiennes, cette forme principale de l'apostolat contemporain ! Quel zèle il déploya pour doter votre chef-lieu de ce beau collège où ses anciens maîtres de Rome sont devenus aujourd'hui les pères de ses enfants ! Enfin, comme il comprenait l'importance de ce grand effort tenté depuis treize ans pour affranchir à son tour l'enseignement supérieur des liens du monopole universitaire et faire pénétrer l'esprit chrétien et les lumières de la foi jusque dans le domaine réservé de la science ! C'est là, c'est au sein de l'assemblée où nos Evêques traitent chaque année les affaires du haut enseignement, qu'il m'a été donné de retrouver dans l'exercice des sollicitudes épiscopales celui que tout enfant j'avais connu à Bruxelles, et d'admirer une fois de plus son dévouement éclairé, la sûreté de ses conseils, son attachement à une cause qui tient de si près aux grands intérêts de l'Eglise et de la France.

Depuis longtemps, Mgr de Briey réalisait en sa personne la parole de l'Apôtre : *Mortui estis et vita vestra abscondita est cum Christo in Deo* (1). Vraiment mort au monde, vraiment caché en Dieu avec Jésus-Christ, il ne trouvait à la vie d'autre charme que l'occasion qu'elle lui offrait de souffrir et de travailler pour son Dieu. A n'écouter que son cœur, il aurait dit avec saint Paul : Quitter cette prison, aller rejoindre mon Sauveur, oh ! pour moi, c'est bien le meilleur : *Dissolvi et esse cum Christo, multo magis melius* (2). Mais s'il fallait rester encore pour le salut de son peuple, il disait aussi avec saint Martin : Je ne refuse pas le travail ; *Non recuso laborem.*

Dieu a écouté le désir de son serviteur, et il a voulu hâter pour lui l'heure de la récompense. Toutefois, avant d'atteindre à l'embrassement suprême, l'âme fidèle doit consommer sa purification dans la souffrance. Il fallait que l'image du véritable Evêque reçût dans votre Pasteur ce dernier trait qui l'achève : la patience. *Servum Domini oportet esse patientem.* Cette perfection ne lui a pas manqué. Patient depuis longtemps envers la contradiction, envers la calomnie, envers l'épreuve, il a su encore devenir patient envers la douleur. Un mal cruel s'est abattu sur lui, transformant en torture l'acte même de l'alimentation nécessaire. La dernière année de cette vie si pure s'est passée dans ce combat. Tandis que son dépérissement visible répandait autour de

(1) Coloss. III. 3.
(2) Philipp. I. 23.

lui la tristesse et l'angoisse, vous l'avez vu calme et serein, recueilli en Dieu, arrêtant la plainte sur ses lèvres et ne laissant passer que des paroles de bénédiction. Quand est venue l'heure du suprême adieu, dans ce palais, dans cette ville en pleurs il fut le seul qui ne montrât aucun trouble. Ah ! mes frères, soyez attentifs à ce dernier enseignement de votre Evêque ! Lui qui vous avait instruits pendant sa vie, il a voulu vous instruire mieux encore par sa mort. On n'apprend pas en un jour à mourir ainsi. C'est l'œuvre d'un long détachement, c'est l'exercice d'une longue patience, c'est le prix de bien des victoires.

Dormez en paix, bon et fidèle serviteur, sous les dalles de votre église Cathédrale, en la compagnie des saints Evêques qui vous ont précédés! Tandis que votre dépouille vénérée ajoute une consécration nouvelle à cette terre de Lorraine, tombeau de tant de saints, que votre âme monte vers Dieu, précédée du cortège de vos bonnes œuvres, accompagnée par les prières des Pontifes vos frères, des prêtres vos fils, par les larmes de votre peuple! Que les suffrages dictés par la foi et inspirés par l'amour hâtent, s'il en est encore besoin, votre entrée dans la gloire pour faire de vous le protecteur de notre faiblesse! Hélas! le présent est triste et l'avenir est sombre. Si nous interrogeons les horizons terrestres, nous voyons partout se former des orages. C'est vers les collines éternelles que nous lèverons les yeux pour en attendre le secours : *Levavi oculos meos in montes, unde veniet auxilium mihi* (1). Mais en même temps que nous solliciterons l'assistance de votre intercession, nous apprendrons à l'école de vos exemples comment on rachète le temps par les œuvres, comment on triomphe du mal par le bien, de l'injure par le pardon et de la haine par l'amour. Ainsi serons-nous encore vos disciples sur la terre; ainsi mériterons-nous de partager au Ciel votre récompense. Ainsi soit-il!

(1) Ps. 120.

www.ingramcontent.com/pod-product-compliance
Ingram Content Group UK Ltd.
Pitfield, Milton Keynes, MK11 3LW, UK
UKHW020541180726
13839UKWH00006B/2652